1

대한민국 공군 창설사
바우트원 1

1판 1쇄 인쇄 2020년 6월 22일
1판 1쇄 발행 2020년 6월 25일

글·그림 | 장우룡
펴낸이 | 김영곤
펴낸곳 | ㈜북이십일 레드리버

키즈융합부문 대표 | 이유남
키즈융합부문 이사 | 신정숙
전쟁사셀 팀장 | 최인수
책임편집 | 배성원 마정훈
영업마케팅팀 | 김창훈 이득재 임우섭 이경학 허소윤 윤송 김미소 오다은 송지은
제작팀 | 이영민 권경민

출판등록 2000년 5월 6일 제406-2003-061호
주소 (10881) 경기도 파주시 회동길 201(문발동)
대표전화 031-955-2100 팩스 031-955-2151 이메일 book21@book21.co.kr

ISBN 978-89-509-8829-6 07910
ISBN 978-89-509-8832-6 (세트)

책값은 뒤표지에 있습니다.
이 책 내용의 일부 또는 전부를 재사용하려면 반드시 레드리버의 동의를 얻어야 합니다.
잘못 만들어진 책은 구입하신 서점에서 교환해 드립니다.

6.25전쟁 70주년 기념 개정판

대 한 민 국 공 군 창 설 사

1

글·그림 | 장우룡

추천사

두려움과 무력감을 딛고 날아오르던, 그때의 우리를 잘 보여주는 책

6.25전쟁 중 한국 공군은 이제 갓 걸음마를 뗀 상태였다. 그때 우리는 비행기도 갖지 못했고 훈련도 부족한 상태였다. 100회 출격 이후 훈련 교관이 되었을 때도, 전투기 훈련을 시킬 수 있는 사람은 나까지 고작 2명뿐이었다. 그런 열악한 상황에서 우리는 늘 준비되지 않은 상황을 맞이할 수밖에 없었다.

예나 지금이나 전투기 조종사들에게는 '공포'가 가장 큰 적으로 다가온다. 나 역시 전쟁 가운데 동료의 죽음을 목도한 뒤, 언젠가 대공포에 맞아 떨어질 수도 있다는 두려움을 느끼곤 했다. 6.25전쟁 전까지 전투기 한 대 없었던, 그리고 전투가 벌어진 뒤에도 다른 나라에서 제공해 준 전투기를 몰고 출격할 때의 무력함 역시 우리들을 짓눌렀다. 그런 정신적인 어려움을 견디며, 전쟁이 가져오는 잔혹함과 두려움에 익숙해져 갔다.

전쟁은 정말 두려운 일이고, 절대 일어나서는 안 될 사건이다. 한반도에서 다시 전쟁이 일어나지 않으려면 우리가 강력한 국방 능력을 갖춰야 한다. 특히 오늘날 현대전에서는 공군이 가장 중요한 전력이다. 우리 공군은 양적으로는 충분하지 않지만 질적으로는 정상급이다. 하지만 전쟁을 수행하는 데는 사람이 가장 중요하다. 조종사, 정비사 모두 잘 준비되어 있어야 효력을 발휘할 수 있다. 전쟁사를 다룬 책들도 무기만이 아니라 전쟁 속의 사람을 잘 보여주어야 그 속에서 더 큰 교훈을 얻게 될 것이다.

그런 의미에서 당시 우리 공군의 모습을 대단히 사실적으로, 그리고 훌륭하게 묘사하기 위해 애쓴《바우트원》의 장우룡 작가에게 감사를 표한다. 특히 이제는 작고하신 헤스 대령을 표현한 부분이 큰 의미로 느껴졌다. 헤스 대령의 위로와 격려가 없었다면 나의 100회 출격도 없었을 것이다(책 속의 헤스 대령과 한국 공군들의 모습을 보며 부족했던 우리를 다시 만나는 것처럼 그때를 추억할 수 있었다).

장우룡 작가는 과거 이 책을 준비할 때에도 참전용사들 직접 인터뷰하고, 무척 공들여 내용 하나하나를 완성했던 것으로 알고 있다(그런《바우트원》이 개정판으로 다시 재조명되니 작가의 노고가 약간이라도 인정받는 것 같아 기쁘다). 앞으로 기회가 된다면 이 책 이후의 이야기도 연재할 수 있기를 바란다. 독자들도 이 책을 읽으며 6.25전쟁이 우리에게 무엇인지, 얼마나 중요한 사건이었는지를 살펴볼 수 있기를 소망한다.

2020년 6월
제11대 공군참모총장 예비역 대장 김두만

추천사 | 건들건들

"국가라든지 민족이라든지
허접한 스폰서를 잡아서 나는 수밖에 없는 거야."

애니메이션 <붉은 돼지>의 페라린 대사 中

—

《바우트원》을 처음 봤을 때 내 입에서 튀어나온 대사다. 밀리터리, 그것도 항공물, 거기에다 6.25전쟁이다. 장우룡이란 이름이 담지(擔持)하는 작화의 퀄리티, 내용의 참신성, 치밀한 고증은 후순위다. 이게 팔릴까 하는 '상업성'에 대한 고민을 할 수밖에 없다. 그런데 장우룡은 《바우트원》을 택시웨이로 끌고 갔고, 기어코 날아 올렸다. 그 비행은 아름다운 호를 그리면서 국내 밀리터리 팬들과 항공물 팬들의 눈과 심장을 사로잡았다.

작품 속에 등장하는 '신념의 조인(信念의 鳥人)'이라는 노즈아트 하나만으로도 이 책의 소장가치는 충분하다. 지금이야 정보가 넘쳐나는 시절이지만, 90년대 중후반만 하더라도 한국전에 참전한 한국군 무스탕 노즈아트에 관한 자료를 찾는 게 쉬운 일이 아니었다. 그리고 노즈아트의 문구가 '신념의 조인'이었고, 이 기체가 딘 헤스 소령이 탑승했던 기체란 사실까지는 정보가 있었지만, 6.25전쟁 당시 활약했던 한국 공군의 이야기에 대해선 알려진 사실이 적었다. 세월의 더께가 잔뜩 내려앉은 한국 공군의 이야기를 끄집어낸 게 장우룡이다. 고증이란 지옥을 어떻게 헤쳐 나왔는지 차마 물어볼 순 없었지만, 연재 당시 그가 마감보다 더 두려워한 게 고증오류였다는 사실은 증언해 줄 수 있다. 그래서일까, 이 정도 작품이 더 이상 연재되지 못하고 멈춰버렸다는 것이 무척 아쉬웠다. 건들건들 컬렉션의 두 번째 책으로 굳이 《바우트원》을 고른 것도 이런 아쉬움 때문이었다. 《바우트원》이 건들건들 컬렉션으로 다시 날아오르게 되어 정말 기쁘다. 이제 새롭게 시작될 《바우트원》의 비행에 갈채를 보낸다. 어쨌든 날아오르자. 활주로만 벗어나면 그 다음은 어떤 기류를 만날지 모르는 일이다. 장우룡의 건승을 기원한다.

종합 밀리터리 채널 건들건들

개정판을 내며

"이 만화를 이만큼까지 이끌어오게 한 것은 제가 아닌,
다른 분들과의 만남과 그 인연이었음을 밝혀두고 싶습니다."

초판 작가의 말 中

—

보통 이전 제 원고를 보면서 '와 이걸 어떻게 이렇게 했지? 정말 무식하게 밀어붙이기만 했구나.'라며 그때의 단순함에 스스로 감탄하곤 합니다. 그 과정에서 다시 만나게 되는 단순함과 실수, 많은 불합리에 감탄도 하고 또 여러 가지 생각을 하게 되지만, 결국은 이 모든 것이 즐겁고 감사할 따름입니다.

이 책을 재출간해 주시는 북이십일에 깊은 감사를 전합니다. 더불어 이 만화를 연재할 때 함께 고생했던 공군 관계자 여러분을 비롯해서 첫 출간에 도움을 주셨던 많은 분들께도 영원토록 감사의 말씀을 전합니다. 모든 일들이 스스로 애쓰고 결정한다고 해서 다 이루어지는 것이 아닐 수도 있음을 아는 지금, 꾸준히 다음 내용을 구성하고 보완해서 언제든 기회가 온다면 다음 시즌을 연재할 수 있도록 호시탐탐 기회를 노려보겠습니다.

저와 제 가족이 지금까지 건강함에 감사하며, 독자 여러분도 항상 건강하시길 기원합니다!

2020년 6월 장우룡

차례

추천사(김두만 장군)	4
추천사(종합 밀리터리 채널 건들건들)	6
개정판을 내며	7
1장 현해탄을 건너	22
2장 첫 기지, 대구	50
3장 작전 개시	90
4장 첫 승리가 준 용기	120
5장 서울을 타격하라!	146
6장 전우의 죽음	174

Flight Records 1. 206
  6.25전쟁의 발발과 함께 탄생한
  대한민국 최초의 전투기 조종사 10인

Flight Records 2. 212
  한국 공군 조종사 양성 프로그램
  미션 바우트-원(Bout-1)

Flight Records 3. 215
  대한민국 공군 최초의 전투기
  F-51D 무스탕(Mustang)

Flight Records 4. 221
  기종 변화에 따른 고도 적응의 어려움
  표적고착(Target Fixed)

참고문헌 222

1950년 6월 25일.
이상한 전쟁이 일어났다.

바우트원
대한민국 공군 창설사

1장 현해탄을 건너

1950년 7월 2일
일본 규슈 북부 이다즈케
미 제5공군 전진사령부(Advance Headquarters) 기지

이제 고향으로 돌아간다. 모두 정신들 단단히 차려!!
찌릉 찌릉
전 대원 탑승!!
꾸물거리지 말고 어서어서 움직여!!
야, 야! 집까지 기어서 갈 거야?!! 빨리빨리 움직이지 못해!!
서둘러라!!
서둘러!!

독립을 얻어내자마자
분단돼 버린 가난한 나라에서
비행이라니, 꿈이라니…

그런데
어처구니 없이,

이 전쟁 덕분에 순식간에
내 꿈이 이루어졌지.

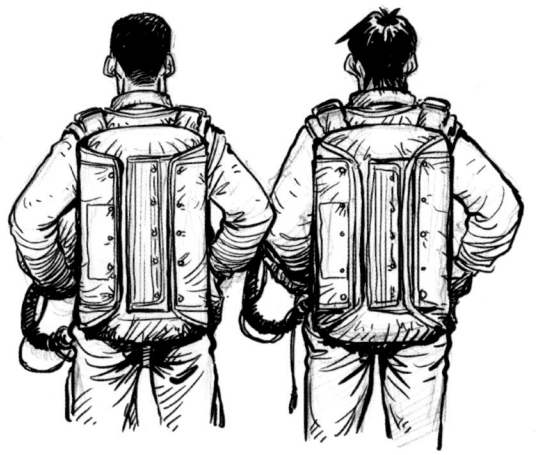

바우트원
대한민국 공군 창설사

2장 첫 기지, 대구

후속기가 착륙한다.
어서 활주로를 비워. 뒤로 물러나!!

기장은 각자 분담된 기체로 가서 이상을 체크한다. 실시해.

빨리 빨리 움직여!

당시 대구 비행장은 비행 관련 기반 시설이라고는 거의 찾아볼 수 없었다.

자갈과 잡초가 어지럽게 흩어져 있는 맨땅의 활주로와 콘크리트 건물 2채, 일제시대에 만들어진 목조건물 1채가 전부였다.

돌과 잡초투성이의 활주로를 제외하고는 비행장이라고 하기조차 힘든 이곳에서 한국 공군은 첫 작전을 앞두고 있었다.

야, 이놈들아!!
첫 출격인데도 아직까지 꾸물거리는 것들은 대체뭐야!!

쩌렁
쩌렁

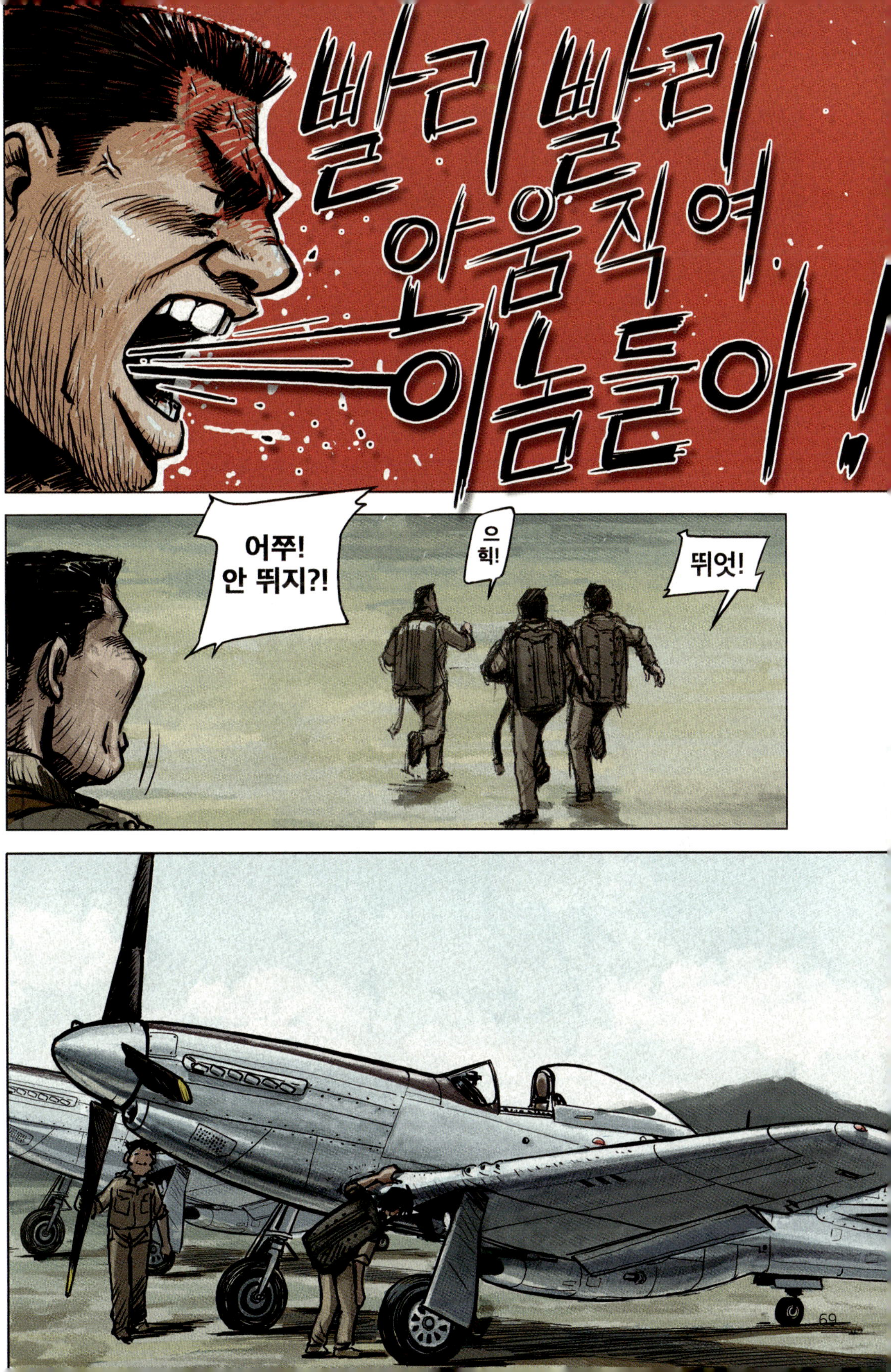

빨리빨리 안 움직여 이놈들아!
어쭈!
안 뛰지?!
으
헉!
뛰엇!

콰

우리나라에도 공군이 있다는 걸 보여주는거야!

아아아

가자!

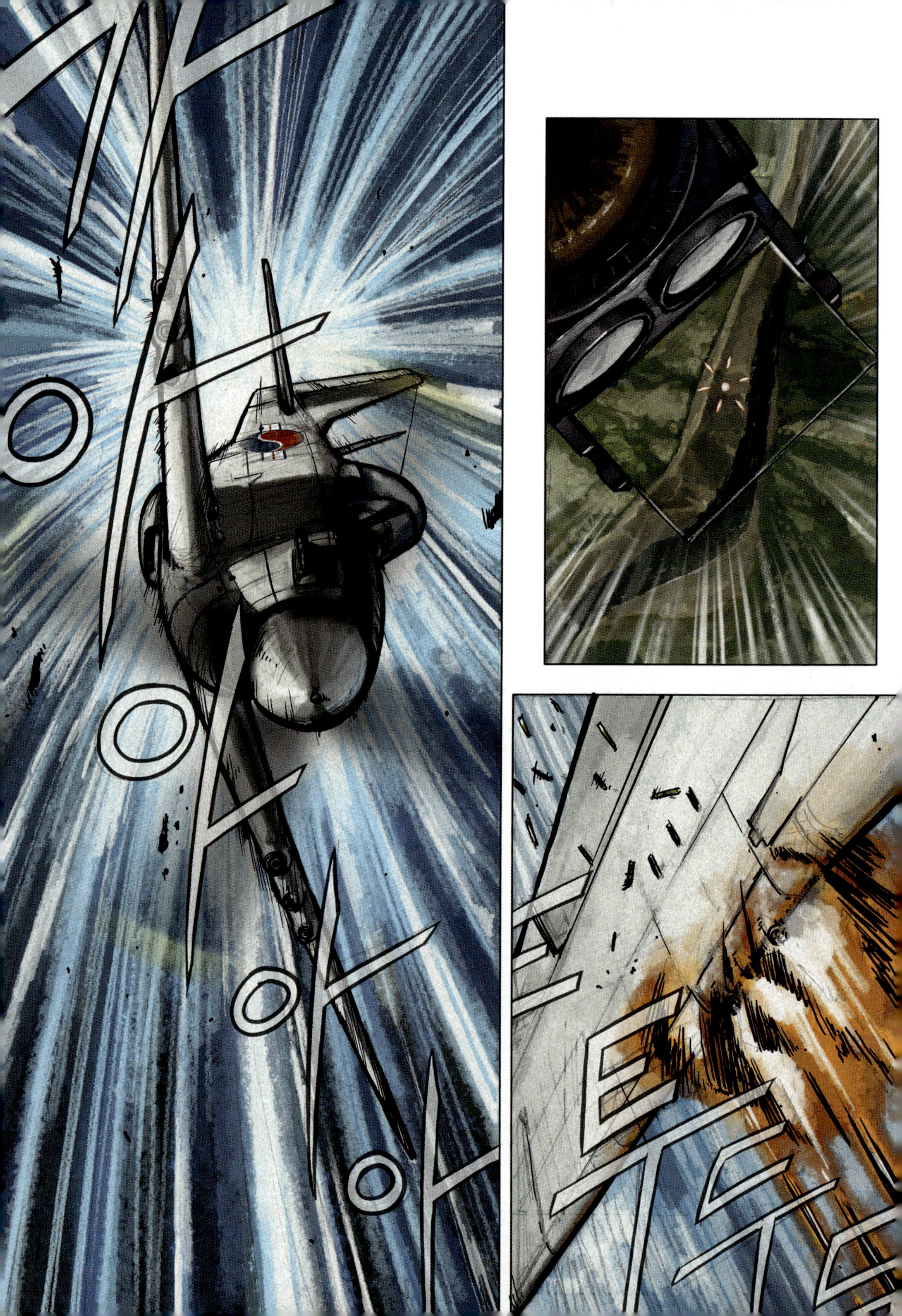

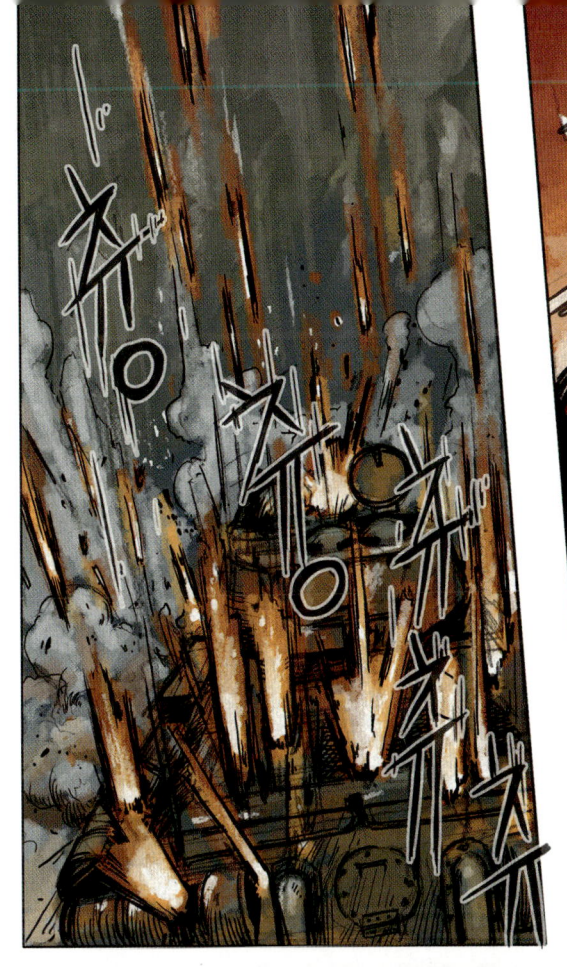

1번기 공격 성공!! 후속기는 즉시 공격개시하라.

후속기는 즉시 공격개시하라!!

타
타 타 타 타

뻐엉

2번기, 공격 성공!!

이 자식들…
그동안 마중도 한번 안 나와 줘서 몸이 근질근질 했제?

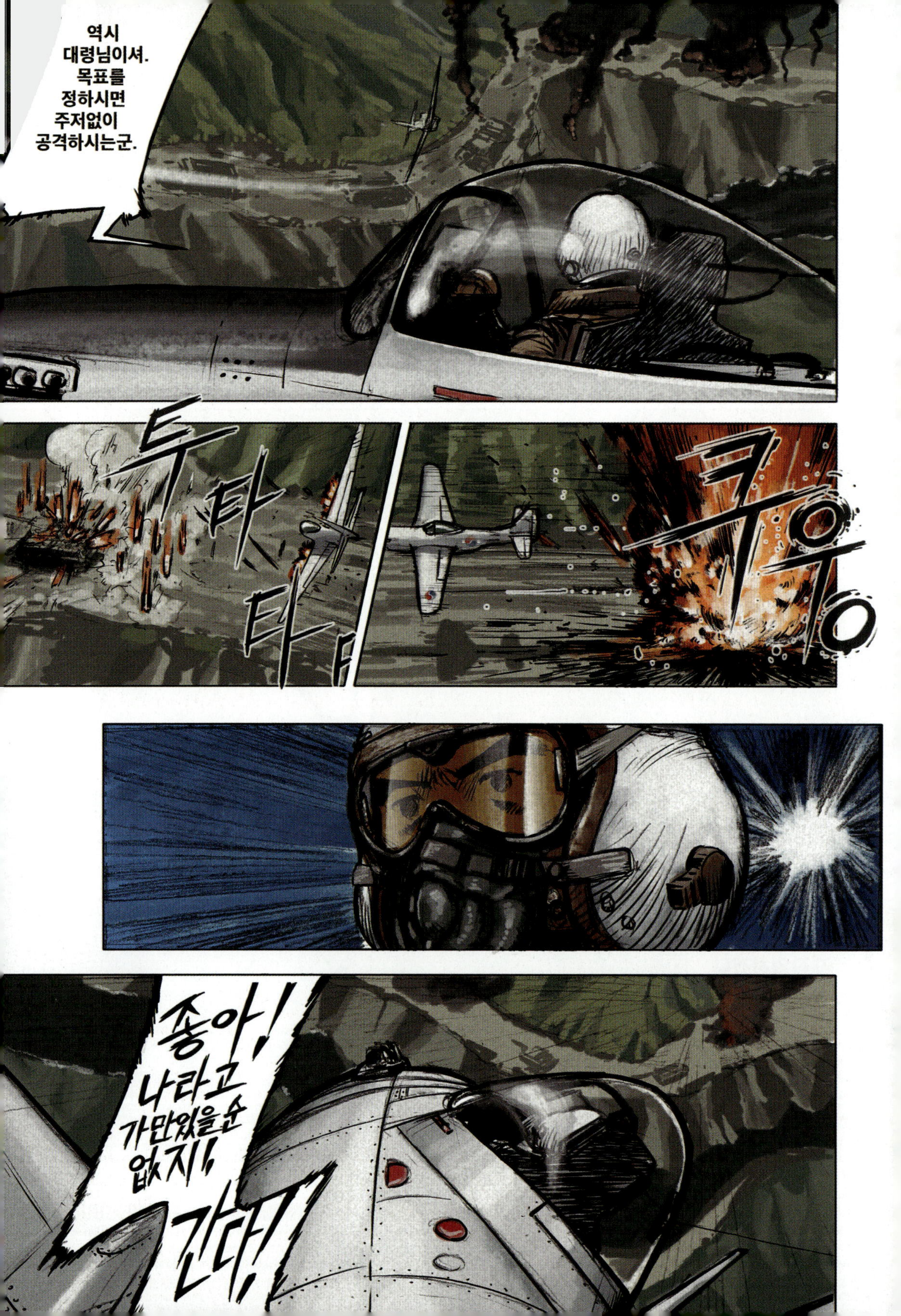

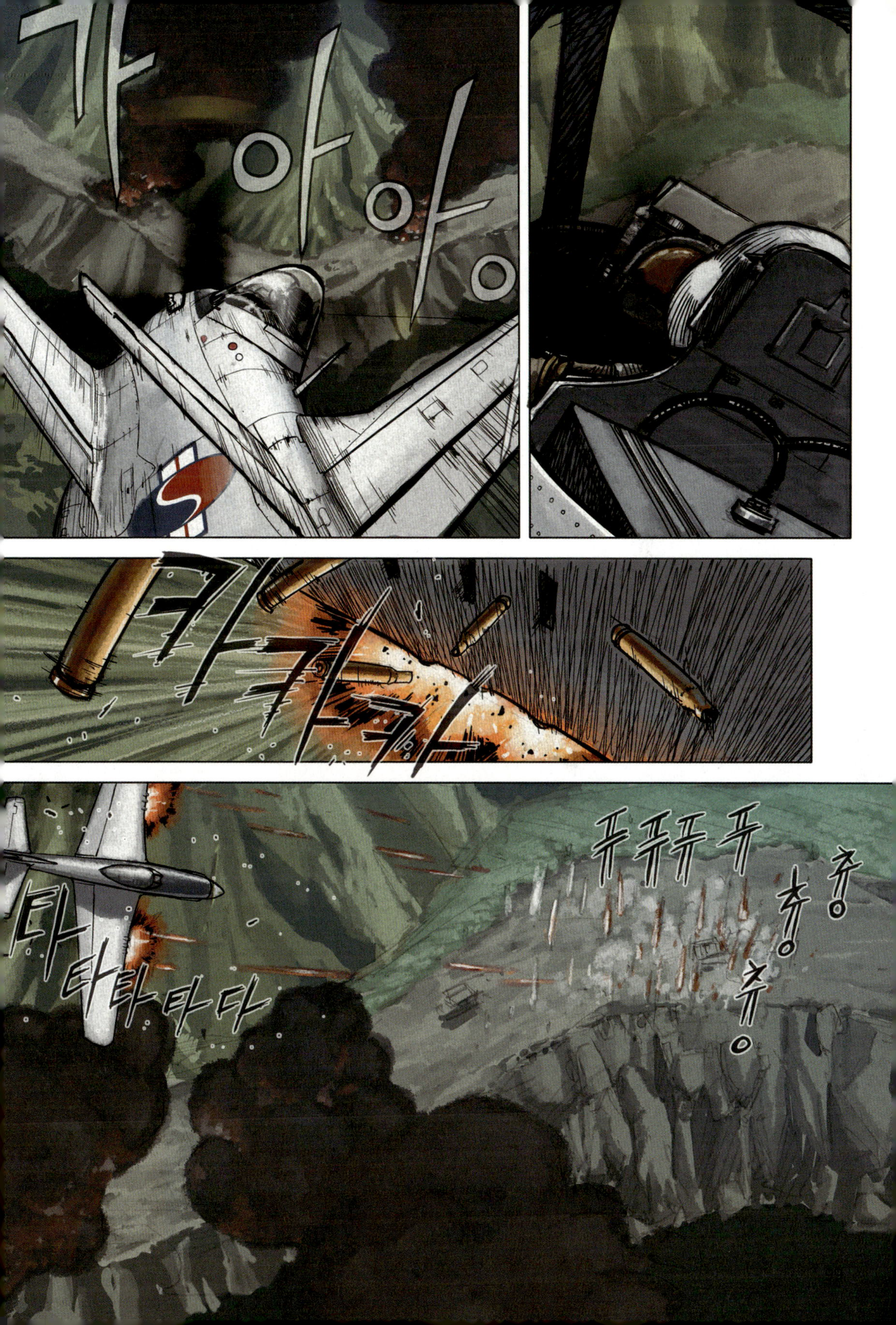

좋아! 첫 공격이라 적 대공사격도 거의 없는 듯하군, 후속기는 될 수 있도록 마음을 편히 가지는 데 집중해!

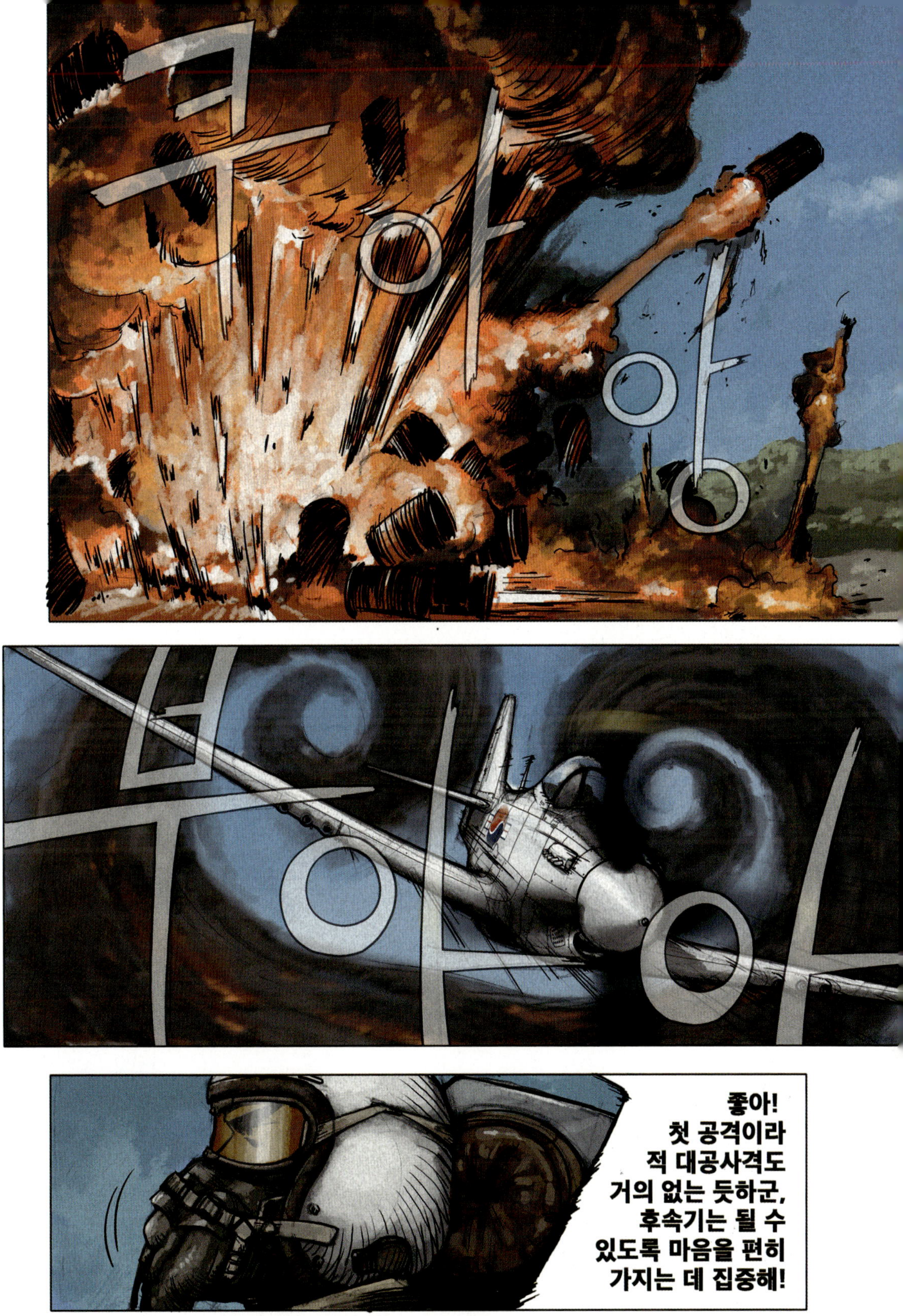

좋아, 나도 들어간다!!

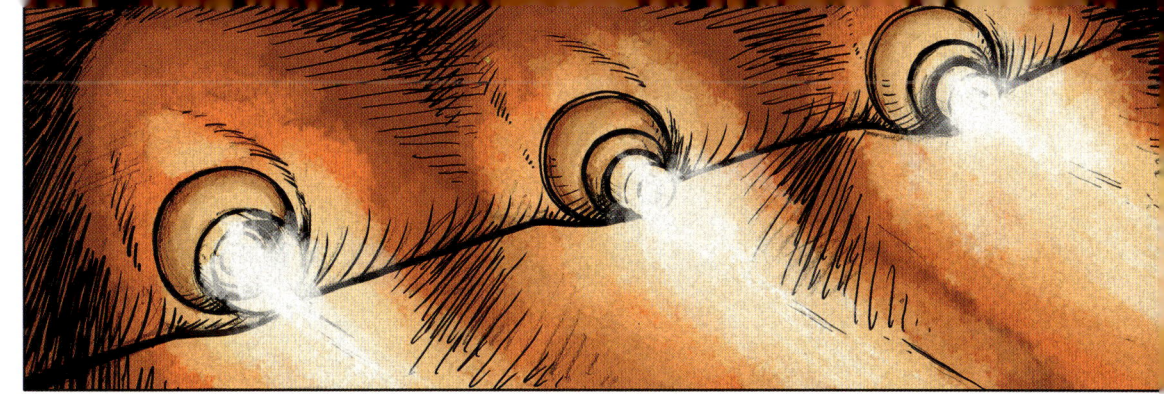

큐오오

바우트원
대한민국 공군 창설사

4장 첫 승리가 준 용기

글쎄.

전 대원이 무사히 돌아온 건 다행이지만,

그것이 자신들의 실력이었다고 착각하지 않기만 바랄 뿐이야.

혹시 한꺼번에 많은 인원을 잃게 된다면, 저들의 목숨은 둘째치고라도 한국 공군의 기반이 완전히 사라져 버리게 되는 게 아니겠어.

그게 이 나라 공군에게 가장 큰 손실일 테지.

어이, 헤스.

윌슨, 같이 가. 어떻게든 훈련을 받게 해야 해.

야, 어차피 우리 전쟁도 아닌데, 뭘 그렇게 기를 쓰고 달려드는 거야!!

헤이!!
이봐!!

바우트원
대한민국 공군 창설사

5장 서울을 타격하라!

<중앙청 앞에서. 1950. 5. 13.>

일장기를 떼낸 지 얼마나 됐다고 그 사이에…

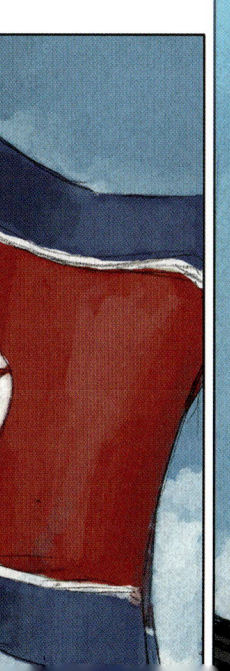

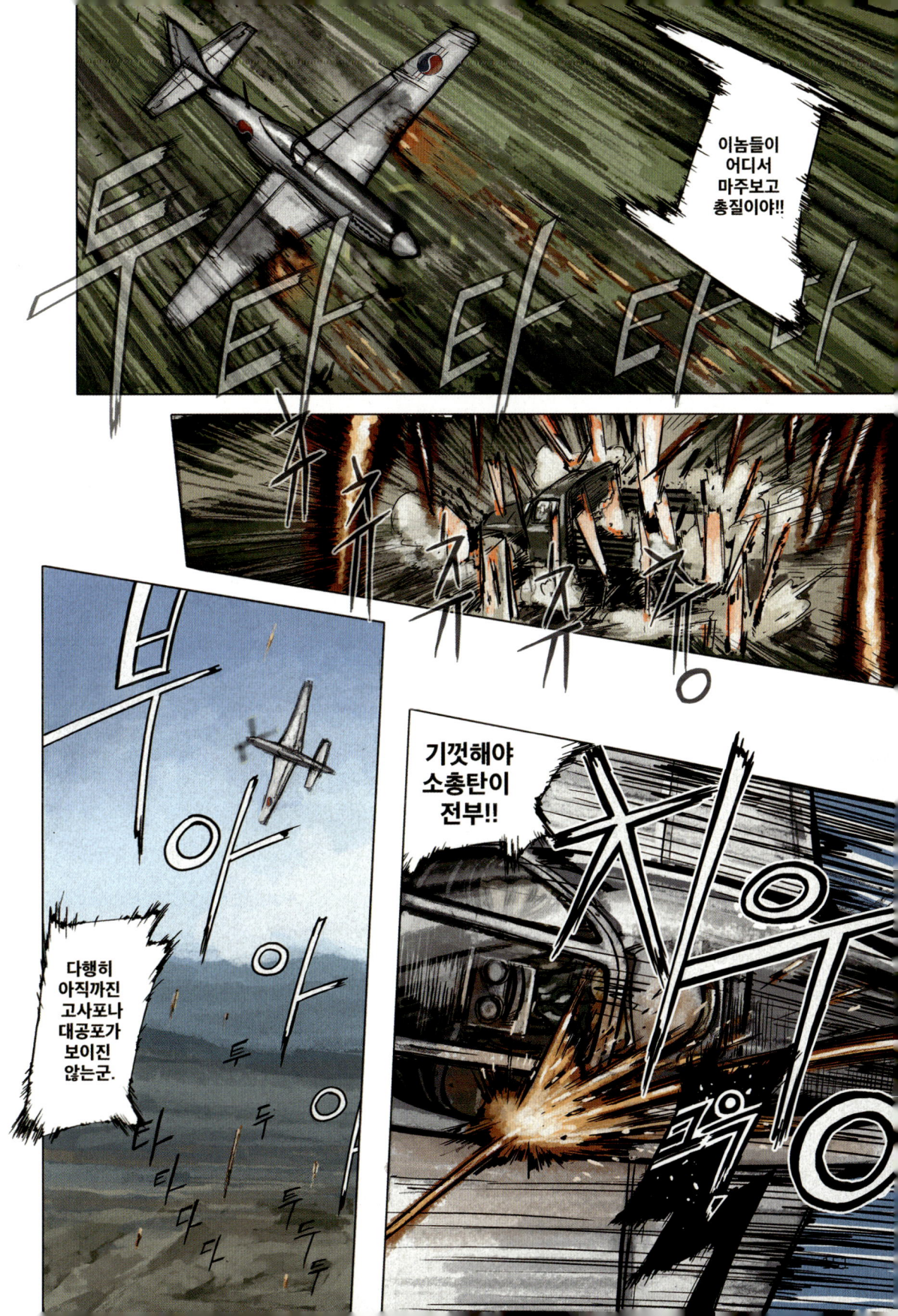

상대를
보고 대들란
말이야!!
이 새끼들아!!

한강을 건너기가
그렇게 호락호락
할 줄 알았나?
이놈들아!!

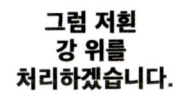

그럼 저흰
강 위를
처리하겠습니다.

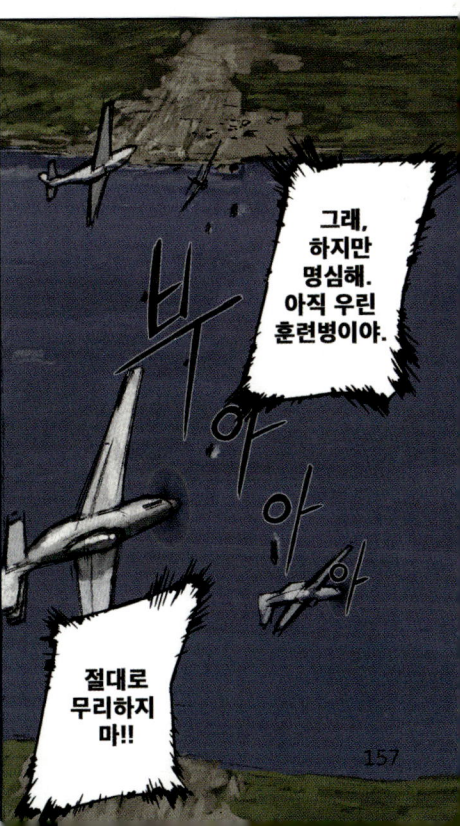

그래,
하지만
명심해.
아직 우린
훈련병이야.

이 자식들이
오늘은 그럭저럭
사격을
해대는군.

좋아,
나와 동희는
강변으로 간다!

절대로
무리하지
마!!

그래!! 기특하게도 옹기종기 모여앉아서 맞아주는군!!

좋아! 그렇게 총도 쏘고, 나아지는 모습을 보여줘야지.

그래야 우리도 해볼 맛이 나지 않겠어!

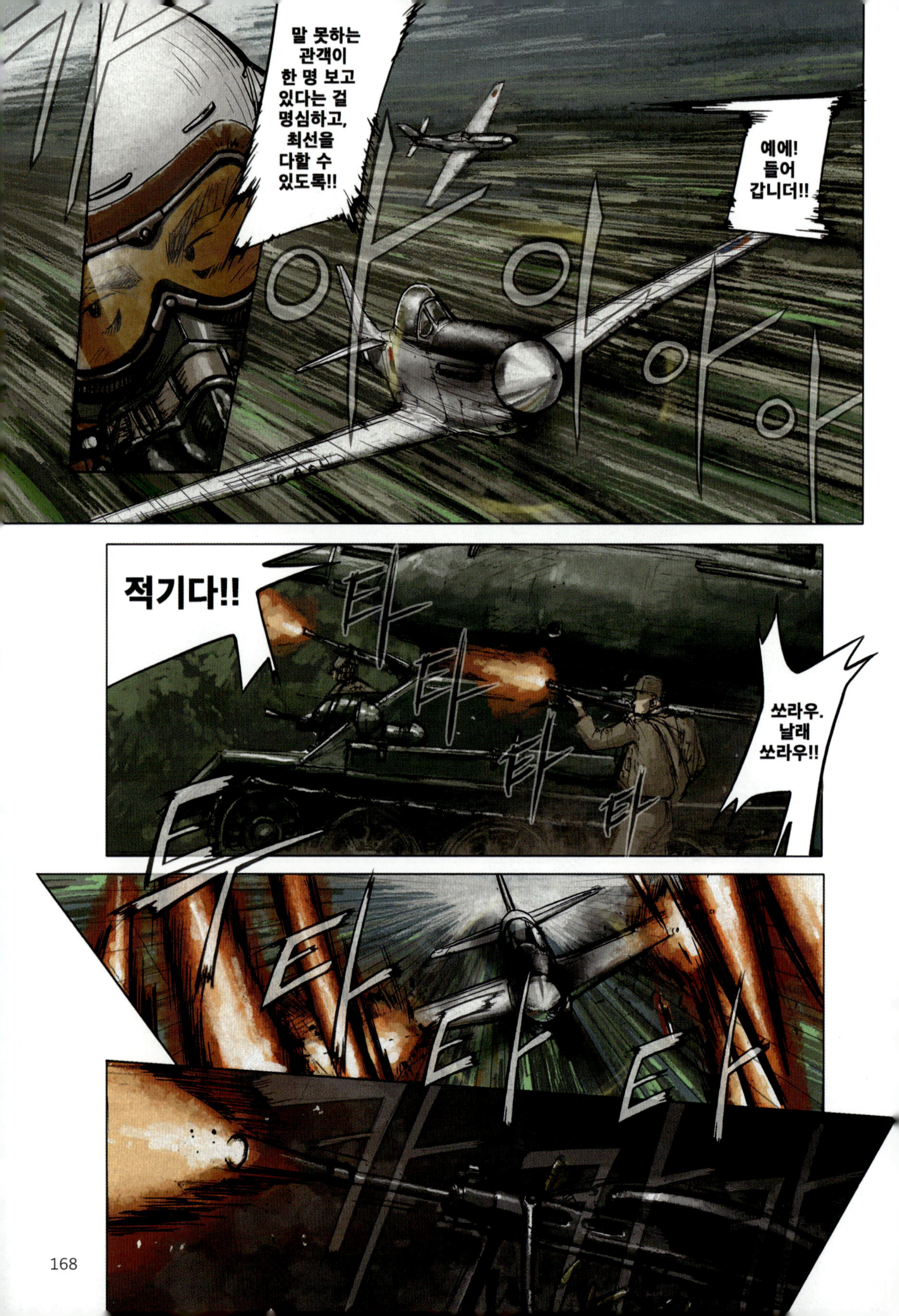

말 못하는 관객이 한 명 보고 있다는 걸 명심하고, 최선을 다할 수 있도록!!

예에! 들어 갑니더!!

적기다!!

쏘라우. 날래 쏘라우!!

콰앙

이현덕
니가 말해 봐.
어떻게 된 거야?

안양에서 마지막
공격을
하기 전에 적 전차를
봤십니더.

그때
저희는 공격을
마친 후에
선회하고 있어서
확실히 본 게
아무것도
없십니더.

그래서 탄이
남아있던 저하고
찬식이가 먼저
공격을 들어갔거등예

뒤따라서
바로 대령님이
공격을 하셨는데…

그때,

경필이가
상공에 대기하고
있어서…

대령님께서,
갑자기 돌아가신 것 같아 보이지만…

분명,

이 세상에서 하셔야 할 모든 일을 끝내고 가신 걸 거야.

그래도 혹시 남은 일이 있다면,

그건, 남아있는 우리가 해내면 되는 거야.

Flight Records

1. 6.25전쟁의 발발과 함께 탄생한
   대한민국 최초의 전투기 조종사 10인
2. 한국 공군 조종사 양성 프로그램
   미션 바우트-원(Bout-1)
3. 대한민국 공군 최초의 전투기
   F-51D 무스탕(Mustang)
4. 기종 변화에 따른 고도 적응의 어려움
   표적고착(Target Fixed)

1 6.25전쟁의 발발과 함께 탄생한
대한민국 최초의 전투기 조종사 10인

1945년 광복 후 우리나라는 가난하기 짝이 없었습니다. 광복 이전까지 모든 것을 일제의 명령과 관리 아래서만 살아왔기 때문에 당연한 것이기도 했고, 또 어쩔 수 없는 것이기도 했습니다. '공군'이라는 정식 이름을 갖게 된 것도 광복 후 4년이 지난 1949년 10월 1일, 육군으로부터 분리되면서부터였습니다. 하지만 그 이름이 무색하게도 전투기는 한 대도 없었습니다. 당시 공군에는 두 가지의 연락기만 있었습니다.

L-4 그래스호퍼(Grasshopper)
길이 6.88m 너비 10.73m
속도 136km/h 항속거리 305km
승무원 2명 무장 없음

미군으로부터 미조립 상태로 인수해서 우리 정비사들의 손으로 조립한 10대의 L-4 연락기.

L-5 센티넬(Sentinel)
길이 7.2m 너비 10.5m
속도 209km/h 항속거리 563km
승무원 2명 무장 없음

1948년 10월 여수·순천 사건에서 L-4만으로는 작전상 부족함이 있어 10대의 L-5기를 추가 인수. 이전 L-4기보다 두 배 정도 늘어난 항속거리를 가진 2인승 연락기.

그렇게 우리 군은 태극기가 그려진 비행기를 타고 하늘을 날게 되었습니다. 2000년 있었던 김신 예비역 공군참모총장과 공군본부의 인터뷰에 근거해서 말씀드리자면, 우리 공군이 사용한 태극마크 역시 이 시기 (1948년)부터 사용되었다고 합니다.

이제 독립국가가 된 우리나라가 우리 비행기에 태극마크를 붙이는 것이 당연한데, L-4기를 보니 비행기 동체에 미 공군 마크인 '하얀 별'이 동그랗게 그려져 있었습니다.

날개 모양까지 다 지우고 고치려면 어려울 것 같아서 그건 놔두고, 하얀 별만 지우고 남은 동그라미에 태극 모양을 만들었어요. 이렇게 해서 태극마크가 만들어지게 되었죠.

<제6대 공군참모총장 김신 중장>

1947년부터 사용된 미 공군 마크에서, 가운데 하얀 별만 지우고 한국 국적마크로 사용했습니다.

20여 대의 연락기로 운영되던 우리 공군은 더 나은 성능의 비행기를 갖추길 원했지만 남한의 군비 증강이 북한에게 자극이 될 수도 있다는 미군정의 의견으로 실현할 수 없었습니다.

"한국이 국내 질서 유지를 위해 큰 군사력을 보유하겠다는 것은 오히려 북한을 자극해서 전면전을 일으키게 할 가능성이 크다. 공산진영으로 하여금 남북 간에 무력 경쟁을 하고 있다고 생각하게 해서는 안 된다."
<점령군 총사령관 더글라스 맥아더 원수>

우리 정부는 미국의 간섭을 피해 일본을 통해서라도 비행기를 구매하고자 했는데요, 이 또한 기밀이 누설되어 중지되고 맙니다. 50년 1월, 그나마 희망을 갖고 있었던 F-51D 25대를 포함한 99대의 항공기대한 원조계획이 완전히 무산되어 버리자, 언론의 적극적인 지지와 함께 국민을 대상으로 한 항공기 헌납운동이 전개되었고 목표액 2억 원을 훨씬 초과한 3억 5천만 원의 헌금이 접수됩니다. 이로부터 2개월 후 국무회의에서 매주 수요일에 술, 고기의 판매금지를 의결해야 했을 정도로 가난했던 당시 상황을 감안한다면 실로 놀라운 금액이었습니다. 이렇게 '건국기'라는 이름의 우리나라 최초의 비행기 10대가 국민의 힘으로 마련됩니다.

AT-6 Texan/건국기

길이 9m 속도 340km/h 승무원 2명
너비 12.8m 항속거리 1,240km 무장 12.7mm 기관총 2정

바로 이렇게 생긴 비행기입니다.
'텍산(Texan)'이라 부르는 이 비행기 역시 전투기급은 아니었지만, 이전의 L-5 보다 두 배 이상 성능이 뛰어난 2인승 훈련기였습니다. 세계는 이미 제트(jet)의 시대를 향해 달려가고 있었지만, 국민들의 성금으로 마련한 비행기였으니만큼 모두에게 너무나 큰 감동이었습니다. 이름하여 건국기(建國機). 나라의 공군을 세우는 비행기의 탄생이었습니다.

건국 1호(교통호)　　　건국 2호(전남학도호)
건국 3호(전북학도호)　건국 4호(전매호)
건국 5호(충남호)　　　건국 6호(체신호)
건국 7호(국민호)　　　건국 8호(농민호)
건국 9호(남전호)　　　건국 10호(경북호)

당시 남북한의 공군 병력 비교

남한		북한	
L-4(연락기)	8대	IL-10(지상 공격기)	71대
L-5(연락기)	4대	IL-2(지상 공격기)	4대
AT-6(훈련기)	10대	YAK-9(전투기)	100대
		PO-2/TU-2(폭격기)	18대
		M-2	1대
		일제 구식항공기	4대
총	22대	총	198대
병력	총 1,897명	병력	총 2,200명

<공군사관학교 전시관 자료 중에서 발췌>

비행기 한 기 한 기에 정겹고 친숙한 이름을 붙여가며 그 의미를 되새기고자 했습니다만 그로부터 한 달 하고도 10여 일이 지난 1950년 6월 25일, 지금 우리가 살고 있는 이 땅에 전쟁이 일어납니다.
전쟁이 일어난 당시, 공군 전력만을 비교해 보면… 비교할 것도 없습니다. 공군 본래의 임무가 공중에서 이루어지는 것을 감안한다면, 운용병력이 얼핏 비슷해 보일지라도 날지 못하는 공군과 날 수 있는 공군의 차이는 분명했습니다. 그리고 이러한 차이는 지상이라고 다를 바 없었습니다. 공격이나 전투를 할 수 있는 기종이 없었던 우리 공군은 급기야 폭탄을 안고 이륙, 공격하기에 이릅니다.

이때 작전에 나섰던 분들의 말씀을 잠시 들어보도록 하겠습니다.

급박했던 6월 25일이 지나가고 급하게 방한한 미 극동 공군사령관 스트레이트메이어(Gorge E. Stratemeyer) 중장과 김정렬 참모총장이 만나 미국 측으로부터 10대의 무스탕을 제공받기로 합니다.

고작 10대의 전투기로 급박한 전세를 뒤바꿀 수 없다는 걸 서로 잘 알고 있었지만 당장 우리나라엔 그 이상의 경험있는 파일럿조차 없었기 때문에 10대 이상일 수도, 그 이하일 수도 없었습니다. 이렇게 10대의 무스탕이 약속되자 참모총장 직권으로 10인의 파일럿이 선정되었고 이들은 26일 저녁 7시, 수송기를 타고 일본 이다즈케 기지로 출발합니다.

F-51D 무스탕(Mustang)

딘 E. 헤스 소령의 18번기 신념의 조인(信念의鳥人) 영등포 도색 버전

길이 9.8m	**너비** 11.3m
최대속도 770km/h	**항속거리** 3,538km
승무원 1명	**무장** 12.7mm기관총 6정
로켓 10개	**폭탄** 6개

1권에 등장했고 앞으로도 꾸준히 등장할 이 비행기가 바로 F-51D 무스탕(Mustang)입니다. 제2차 세계대전 당시 연합군을 승리로 이끈 주역 중 하나였지만 전쟁이 끝나면서 신형 제트기들에게 그 자리를 내주고 예비군 기체로 물러나게 되죠. 하지만 6.25전쟁이 일어나면서 우리 공군에게 공여되었고, 우리나라처럼 복잡한 지형에서의 작전에 적합한 적당한 속도와 무장이 긍정적으로 평가되어 한국군과 함께 미국, 오스트레일리아, 스위스 공군의 기체로 활약하게 됩니다.

"일본에 도착한 우리는 곧장 미군으로부터 F-51D에 관한 훈련을 받을 예정이었습니다. 하지만 우리나라를 떠나오던 26일부터 5일 동안 계속해서 비가 내렸기 때문에 실내에서 무스탕의 제원이나 특성을 매뉴얼을 통해 외우는 것 외엔 다른 방법이 없었습니다. 그나마 그 교육이란 것도 전투부대 교관들에 의한 것이어서 체계적일 수는 없었고, 이미 미국에서는 대부분의 비행기가 제트화 단계에 있어 과거에 교육받던 당시를 기억해 가며 교육을 시키는 실정이었습니다.

이윽고 날씨가 개자 우리는 오전, 오후로 나누어 반반씩 비행훈련을 합니다. 급작스런 전쟁으로 전투복을 그대로 입고 왔었기 때문에 복장은 거지나 다름없었고 몸에 밴 땀 냄새로 인해 민망할 때도 있었습니다. 그렇게 우리는 이틀 동안 손짓 발짓으로 미군 교관과 의사소통을 해 가며 훈련을 받았습니다. 하지만 우리나라에선 하루라도 빨리 돌아오라고 전보로 독촉을 해 왔습니다. 전세가 너무나 불리해 그나마 공군이 희망을 걸 곳은 우리밖에 없었습니다."

<김신 예비역 공군 중장 6.25 참전 수기록 참고>

일본을 떠나기 전 날, 미 제5공군이 우리 열 명을 위해 환송회를 베풀어 주더군요. 하지만 조국의 운명이 바람 앞의 등불과 같아서 도저히 먹을 생각도, 춤출 생각도 들지 않았습니다.

그 때 일본인 밴드가 있었는데, 그들이 맨 처음 연주했던 곡이… 우리에겐 아주 낯익은 곡이었습니다.

<김신 중령>

아리랑이었지요.

10명의 대원 중 김신 중령은 전쟁이 일어나기 전 미국의 랜돌프 비행학교에서 초급과정부터 무스탕의 비행 훈련 과정을 이수한 경험이 있었기 때문에 일행 중에선 유일한 무스탕 유경험자였습니다. 다른 아홉 명은 일제시대 비행이나 격추 경험이 있었기 때문에 비행에 관해서라면 나름대로 실력자라고 할 수도 있었지만, 이미 경험이 있던 김신 중령조차 '사실 그때 무스탕을 그렇게 단시간에 탈 자신이 없었다.'고 말할 정도였으니 나머지 조종사들이 가졌을 당시의 부담감은 그 이상이었을 것이 틀림없습니다.

그렇게 생전 처음 몰아보는 생소한 미군기에 몸을 싣고 우리나라로 돌아오게 된 10명의 파일럿들은 다음날인 7월 3일, 한국 공군 사상 최초의 전투 공격 명령인 '작전명령 25호'를 하달받아 첫 출격을 하게 됩니다.

"우리 한 번씩 이착륙만 해 본 후에 무스탕을 한 대씩 몰고 급히 떠나 왔지요. 현해탄을 건널 무렵 날이 저물기 시작해 우리 영공에 들어서면서는 완전히 어두워지더군요.
위기에 처한 조국의 현실… 알 수 없는 미래. 한동안 말없이 우리는 어둠 속에서 항진을 계속했습니다. 편대장의 목소리가 모두를 상념에서 깨어나게 했죠. 대구기지의 활주로가 눈앞에 다가섰습니다."

<김신 중령>

1950년 전쟁과 함께 하늘을 날게 된 한국 최초의 전투기 조종사 10명.

① 정영진 중위
② 이상수 중위
③ 김 신 중령
④ 장동출 중위
⑤ 이근석 대령
⑥ 김영환 중령
⑦ 김성룡 중위
⑧ 강호륜 중위
⑨ 박희동 대위
⑩ 장성환 중령

고(古) 이강화 예비역 공군 준장이 남긴 사진첩에는 L-16으로 적혀있지만, 아래 왼쪽의 기체는 1948년에 만들어진 L-17 NAVION이라는 기체입니다. 이 사진에는 '1949년 9월 대한민국 육군항공대 입대'라는 메모가 남아있습니다. 그러나 1개월 후 육군항공대가 '공군'으로 재편되었기 때문에 당시 공군 보유 기종으로 기록되어 있지만 편제상으로는 남아있지 않은 기종입니다.

L-17 연락기 한국군은 앞서 소개한 L-4, L-5 연락기 외에도 적어도 1기의 L-17기를 운용하였습니다.

AT-6 건국기 6.25전쟁이 터졌을 때, 그나마 전투용으로 쓸 수 있는 비행기는 AT-6밖에 없었습니다.

L-4 연락기 1984년 9월 13일 미 육군 제7사단 항공대로부터 L-4 10대를 인수합니다.

<출처: 이강화 예비역 공군 준장>

6.25전쟁이 터진 다음 날인 26일, 한국 공군은 F-51D 무스탕 전투기를 인수하기 위해 10명의 조종사를 일본 이다즈케 기지로 보냅니다. 한편 국내에서는 당시 유일하게 폭탄걸이가 있었던 AT-6 건국기에 30파운드 폭탄을 장착하고 문산철교, 동두천, 미아리 고개 등으로 공격 임무를 나섭니다.

2. 한국 공군 조종사 양성 프로그램
미션 바우트-원(Bout-1)

해방 이후 우리나라의 실질적 통치를 담당했던 미군정은 한국군의 무장에 대해 매우 부정적이었습니다. 북한과의 무력대립을 가속화시킨다는 이유로 일본군이 두고 간 무기들은 대부분 파괴하거나 바다에 수장시켰고, 탱크나 비행기를 제공해달라는 우리 군의 요청도 하나같이 거부했습니다. 그래서 1950년 전쟁이 일어났을 때는 이미 북한의 진격을 막아낼 수 없을 만큼 전력 차이가 극명했습니다.

하지만 개전 다음 날인 26일, 한국의 사태를 보고받은 유엔 안전보장이사회는 '북한군의 불법 남침 중지, 38도선 이북으로의 철수 결의안'을 찬성 9, 반대 0, 기권 1로 가결했고 미국 정부는 미 극동사령관 맥아더 원수에게 한국으로의 무기원조를 명령하기에 이릅니다. 이와 동시에 우리나라 공군에게 10대의 무스탕 지원이 결정되어 우리 조종사들은 일본으로 출발하게 됩니다.

한편, 미 제5공군 소속 제8전폭비행단 36전폭대는 '한국 공군의 지원과 조종사를 훈련시킬 목적으로 새로운 부대를 편성하여 대구(K-2)기지로 파견할 계획'을 수립하게 됩니다. 이때 만들어진 것이 바로 '바우트-원(Bout-1)' 프로그램이었고, 딘 E. 헤스 소령이 자원해서 이 임무의 책임자로 발탁됩니다.

"제 임무는 한국에서 바우트-원이라는 새 부대를 조직, 운영하는 것이었습니다. 미 조종사 10명을 포함해서 총 114명의 병사들과 한국 조종사들이 F-51D 무스탕을 사용하도록 훈련을 시키는 것이었죠.

하지만, 한국 공군에서 핵심전력으로 사용될 F-51D은 당시로선 거의 쓸모없는 비행기였어요. 게다가 한국 공군은 2,000명 정도 있었지만 대부분 정비사라고 들었어요. 무척이나 당황할 수밖에 없었죠."

〈헤스 대령〉

그렇게 대구기지에는 조국 대한민국을 위해 간절히 전투에 참가해야만 하는 10명의 한국인 조종사와, 그 10명의 조종사를 훈련시키기 위한 미군 부대가 공존하게 되었습니다. 같은 기지 안에 있었지만 엄연히 두 집단은 그 처지와 그에 따른 목적이 달랐던 것이죠.

바우트-원 프로그램으로 인한 한국 공군의 성장은 조종사 훈련 분야에만 국한된 것이 아니었습니다. 전쟁이 일어나기 전만 해도 일일이 손으로 프로펠러를 돌려 시동을 걸었던 우리 정비, 통신, 무장사들은 전쟁을 겪으면서 미국의 수랭식 엔진 무스탕을 원활히 운용할 수 있게 되었습니다. 그리고 새로운 지식과 상황에 빠르게 적응했던 능력을 바탕으로 전쟁을 마치고 난 후엔 제트항공기를 운용할 수 있을 만큼의 능력을 보유하게 되었습니다.

프로펠러를 당겨 L-4 연락기에 시동을 거는 정비사 전쟁이 시작되었을 때만 해도 정비사들이 비행기에 익숙하지 않아 미군의 도움을 받을 수밖에 없었습니다.

213

"당시 비행기의 부속품과 연료, 탄약은 말할 것도 없고 내의나 양말, 심지어는 비행기에 묻은 기름 닦는 걸레조차 Made in U.S.A. 였지요. 어떻게 걸레까지 얻어써야 했는지… 그때는 정말 그렇게나 어려운 시절이었습니다.
7월의 따가운 햇볕 아래서 하루종일 정비를 하다가 작전이 끝나면 샤워꼭지 몇 개를 달아놓은 허술한 목조 가건물 안에 들어가 알몸의 황, 백, 흑 3색의 한미 공군 정비사들이 뒤엉켜 더위를 식히곤 했죠.
1950년 9월 말 무렵 여의도기지로 부대가 이동을 하면서 OJT(on-the-job training:현장업무를 진행하면서 지도교육을 받는 방식)교육의 마지막 단계인 '후속지도' 단계에 접어들게 되었습니다. "어려움이 있을 땐 도움을 청하라"며 한미 공동으로 해오던 미 공군 정비사들의 공동 참여는 두드러지게 줄었고 우리는 매뉴얼을 인수받아 대부분의 작업을 담당하게 되었죠."

<헤스 대령의 기체 정비 기장, 최원문 예비역 공군 대령>

운영 초기에는 제대로 물자나 장비조차 지원받지 못했던 바우트-원 부대는 최초 대구기지에서 10대의 프로펠러 비행기로 시작해서, 전쟁의 흐름과 함께 진해, 영등포, 평양, 대전, 사천, 강릉, 제주도 등의 지역에서 80여 기에 가까운 항공기를 운용하는 독립부대로 발전하게 됩니다. 또한 미군에 흡수되어 운용되는 형태가 아닌 대한민국 공군이라는 단위 부대를 유지하고 그 과정에서 얻게 된 다양한 실전 경험을 바탕으로 전후 대한민국 공군의 체계적인 형태를 갖추는 데 보다 핵심적인 역할을 하게 됩니다.

무스탕의 주 무장인 Cal.50의 탄을 장전하는 모습 시동을 걸 때도 쩔쩔맸던 과거와 비교하면 놀랄 만큼 성장한 모습입니다.

한국 공군과 대화하고 있는 헤스 소령(가운데) 헤스 소령이 김정렬 공군참모총장(오른쪽), 한국 공군 조종사 2명과 함께 지도를 보며 대화하고 있습니다. 뒤로는 당시 진해 기지의 특징인 대형 골조가 보입니다.

3
대한민국 공군 최초의 전투기
F-51D 무스탕(Mustang)

대한민국 공군 최초의 전투기로 전쟁이 끝날 때까지 그 자리를 굳건하게 지켜 온 이 기체의 등장은 1940년으로 거슬러 올라갑니다. 그것도 계획 입안에서 설계를 비롯해 시험기체의 제작까지 4개월도 채 걸리지 않은 제작시간, 다른 나라의 엔진을 사용하기 전까지는 그저 평범하기만 했던 한 시험기체가 무스탕의 출발이었습니다.

1939년 제2차 세계대전이 발발하자 단기간에 많은 항공기가 필요했던 영국은 부득이 미국의 전투기 P-40을 구매하기로 결정합니다. 대량제작을 고려한 영국의 구매사절단이 노스아메리칸 사에 커티스 사의 P-40 면허생산을 제의하자, 회사의 설계 주임 에드거 슈무드(Edgar Schmued)는 다른 회사의 P-40을 면허생산하는 대신, '더 나은 성능의 새로운 전투기 설계 아이디어가 있다'는 제안을 합니다.

커티스 사가 개발 생산한 P-40 워호크(War-Hawk) 성능으로는 영국이 보유하고 있던 스핏파이어를 앞서지 못했지만 급박했던 영국에겐 대량생산될 전투기가 절실히 필요했습니다. 이에 사절단은 P-40을 선정하게 되는데, 당시 제작사 커티스(Curtiss) 사는 미 전쟁성의 요구 물량을 대기도 벅찬 상태여서 신생 항공사나 다름없었던 노스아메리칸 사에 이 P-40의 면허생산을 제의하게 됩니다. 노스아메리칸 사는 앞서 말씀드렸던 건국기 AT-6를 제작한 회사이기도 합니다.

NX-73X F-51D 무스탕의 전신이 된 시험 기체입니다.

설계진은 두 가지의 새로운 시도를 적용하고도 정확히 117일이라는 짧은 기간에 NX-73X란 이름의 이 시험기체를 완성시킵니다. 이 기체는 주목할 만한 특징 두 가지를 가지고 있었습니다.

첫 번째로, 새로운 날개의 구조를 적용했습니다.

이전	우측 그림은 미국항공자문위원회(National Advisory Committee for Aeronautics)에서 작성한 동시대 항공기의 대부분에 사용된 날개 단면으로, 날개의 가장 두꺼운 부분(캠버)이 앞쪽으로 치우친 형태입니다. 이 형태는 중·저공에서 최대한의 양력을 얻어낼 수 있지만 속도가 높아질수록 공기 저항도 급격하게 늘어나는 결점을 안고 있었습니다. 물론 이 시기의 항공기들은 속도가 그리 빠르지 않아 오히려 양력 면에선 이점이 더 많은 구조이기도 했습니다.	N.A.C.A. 2412 1933 N.A.C.A. 23012 1935 N.A.C.A. 23021 1935
이후	하지만 설계진은 그러한 안정적인 구조를 버리고 캠버가 날개 중앙 쪽으로 옮겨진 층류익이란 구조를 사용합니다. 이 구조는 급격한 기동 시 속도가 떨어지거나 날개가 전체적으로 두꺼워져 공기 저항이 증가하는 결점을 갖고 있었지만 덕분에 주날개의 강도가 높아지고 탄약이나 연료를 수납하기에 충분한 공간이 확보되는 이점이 있었습니다. 게다가 고속에서의 공기 저항은 오히려 감소하게 됩니다.	N.A.C.A. 66-212 1940 N.A.C.A. 747A315 1944

두 번째로, 라디에이터를 기수 아래, 뒤 쪽에 배치합니다.

수랭식 엔진은 냉각을 위해 라디에이터라는 냉각장치를 반드시 설치해야 하는데 라디에이터가 기수에 장착되면 공기 저항이 커지면서 기체의 상하운동성이 나빠지고, 양쪽 날개 아래쪽에 장착되면 주날개의 양력 효율을 감소시키고 회전기동력을 저하시키는 결점을 갖게 됩니다.

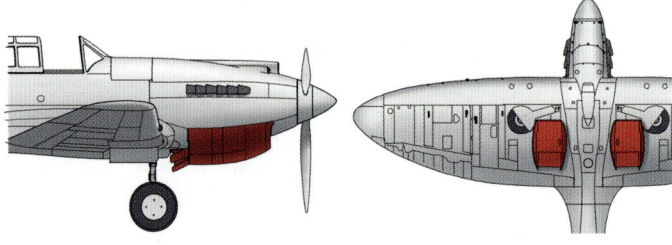

미국 커티스 사의 P-40 워호크(War-Hawk)   영국 슈퍼마린 사의 스핏파이어(Spitfire)

이러한 결점들을 한번에 해결하기 위해 설계진은 동체 아래, 날개 뒤편에 라디에이터를 배치합니다. 이로써 무게 중심이 더 아래로 배치되어 기체의 안정성이 향상되었고 엔진의 배기열을 뒤쪽으로 배출하는 장치를 추가해 미약하지만 추진력의 향상에 도움을 주게 됩니다.

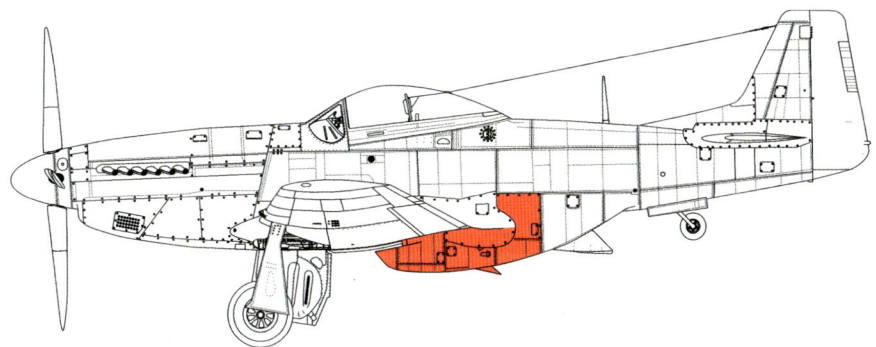

이렇게 완성된 NX-73X(사진 1)은 3개월이란 매우 빠른 기간에 완성되었지만 전체적인 성능은 P-40보다 더 뛰어났기 때문에 곧 양산 체제로 들어가 실전에 배치됩니다. 하지만 영국 슈퍼마린 사의 명작 전투기 스핏파이어의 성능을 앞서지는 못했고 특히 고도 4,000m를 넘어서면 급격하게 출력이 떨어지면서 상승 속도가 눈에 띄게 느려졌습니다. 이러한 성능의 불균형 때문에 실전 배치 초기, 무스탕의 임무는 공중전이 아닌 지상공격이나 급강하폭격

같은 쪽으로 한정됩니다. 그 원인 한가운데 바로 이 앨리슨(Allison) 사의 V-1710 엔진(사진 2)이 있었습니다. 이 엔진의 성능은 당시 거의 세계 최고 수준이었지만 고공비행에 필수적이라고 할 수 있는 과급기(엔진 출력을 높이기 위해 외부 공기를 압축해서 공급하는 장치)가 1단밖에 채용되지 않아 공기가 희박한 높은 고도에서는 충분한 성능을 낼 수 없었습니다.

당시 영국의 스핏파이어 전투기에 사용되어 실전에서 성능을 인정받고 있던 롤스로이스(Rolls-Royce)의 멀린(Merlin)-61 엔진(사진 3)은 2단 과급시스템을 갖추어 고공에서의 성능이 탁월했습니다. 엔진을 교체하자 NX-73X는 거의 모든 부분에서 세계 최고의 성능을 갖게 됩니다. 이후 미국은 자국의 패커드(Packard) 사를 통해 이 멀린 엔진을 대량으로 면허생산하기 시작했고, 이때부터 무스탕은 세계 최고의 전투기로 활약하기 시작합니다.

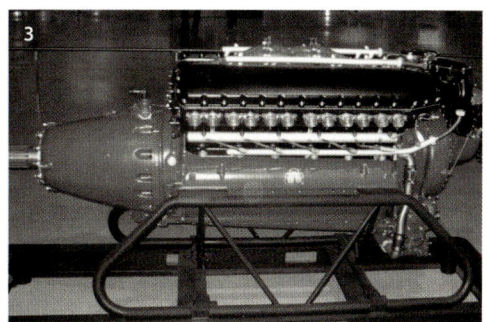

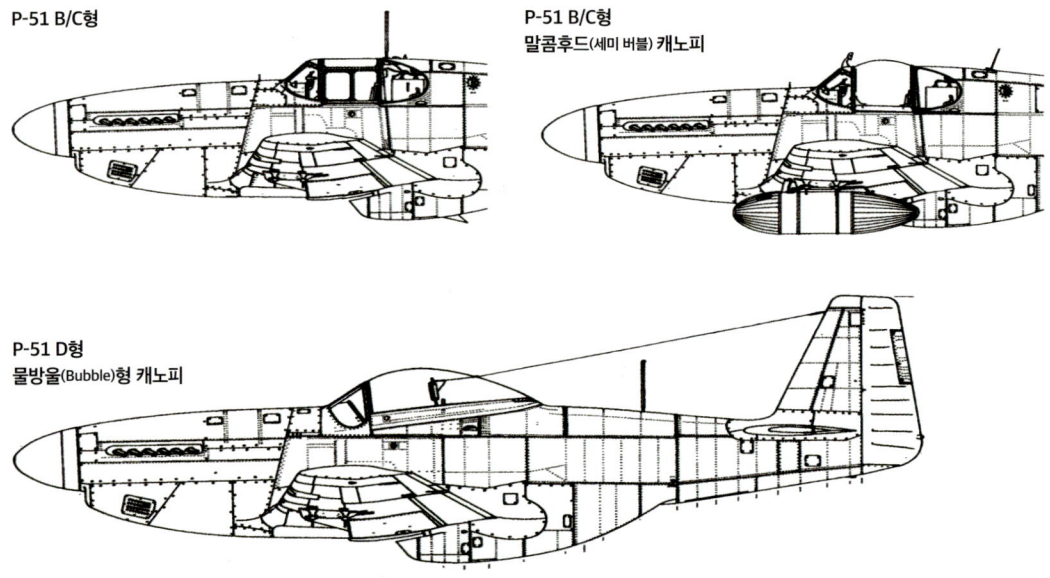

무스탕 B형과 C형은 레이저백(Razor Back)이라 하여 사전적 의미 그대로 '면도칼처럼 곧고 날카로운 등'의 형태를 지니고 있습니다. 이 형태는 조종사가 후방을 직관적으로 인식하기에 불편한 점이 많아 영국 말콤(Malcomb) 사의 캐노피를 부분적으로 적용하기도 합니다. 이후 채용한 물방울(Bubble)형 캐노피가 적용되면서 조종사의 시야가 완벽하게 개선되었는데, 이때부터 무스탕만의 강력한 성능과 우아한 라인에 걸맞은 닉네임, '하늘의 캐딜락'으로 불리기 시작합니다.

탁월한 비행 성능과 다른 어떤 전투기보다 긴 항속거리를 지닌 무스탕은 제2차 세계대전 당시 독일 본토까지 폭격기를 무사히 엄호함으로써 연합군에게 독일의 하늘을 활짝 열어주었고, 전쟁 후반 등장한 독일의 신형 제트기를 격추시키는 등 제2차 세계대전 중 최고의 프로펠러기로 평가받습니다.

미군의 P-51D 무스탕 엔진을 교체하자 층류익과 라디에이터의 위치 등의 새로운 시도가 더 큰 효과를 내 주었고 이로 인해 낮은 고도에서부터 높은 고도까지 무스탕은 탁월한 기동성과 더불어 당시 존재한 어떤 전투기보다 긴 항속거리를 가지게 됩니다.

제2차 세계대전을 최고의 자리에서 마감한 무스탕은 제트(jet)엔진의 발전으로 자연스레 예비군 기체로 배치되는데요. 1947년 미 공군이 육군으로부터 분리, 창설되면서 P-51이라는 명칭이 F-51D로 바뀌게 됩니다. 그리고 나서 맞게 된 실전이 바로 6.25전쟁이었기 때문에 우리에겐 F-51D이란 이름으로 불리게 됩니다.

대한민국이 수립된 1948년까지도 대한민국을 관할하던 미군정은 국내에 탱크와 같은 중화기나 정찰기 이상의 항공기 공급을 반대했습니다. 하지만 공산 진영과 전쟁이 발발한 이후엔 다음날인 26일, 대한민국 공군도 전투에 참여할 수 있도록 10대의 무스탕을 공여하고 이를 돕기 위해 바우트-원 부대를 편성합니다. 이렇게 한국에 제공된 무스탕은 한국 공군과 미국의 바우트-원 부대를 통해 운용되었고 종전을 앞둔 1952년 5월 무렵 우리 공군은 80여 대에 달하는 무스탕을 운용하게 됩니다. 또한 한국의 지형에 적합하다는 긍정적 평가로 전쟁 중 미군을 비롯해 영국, 오스트레일리아, 스위스 공군을 통해서도 많은 수가 운용되어 전투공격기로서 제2의 인생을 시작합니다.

이다즈케 기지에 주기된 F-51D 바우트-원 부대에 넘겨지기 위해 주기되어 있습니다. 아직 도색이 변경되지 않은 모습입니다.

공군 1000회 출격 기념사진 전쟁이 막바지에 이른 1952년 2월 16일. 손으로 폭탄을 던지던 그때로부터 총 1000회의 출격 횟수를 기록하던 날 조종사를 비롯한 지상 요원들이 모여 기념촬영을 하고 있습니다.

이렇게 제2차 세계대전과 6.25전쟁에서 우수한 성능을 보였던 무스탕이었지만 세상 모든 일이 그렇듯 이 명작 기체 역시 몇 가지의 단점이 존재했습니다.

첫 번째로, 프로펠러기 동력을 사용하는 항공기라면 떨쳐버릴 수 없는 중요한 결점 중 하나가 바로 '토크(torque)'라고 하는 현상입니다. 프로펠러가 오른쪽으로 회전하기 때문에 이 회전을 지탱하는 기체는 그 반대 방향인 왼쪽으로 회전하려는 힘이 발생합니다. 회전이라는 특성을 가진 프로펠러 추진 방식으로서는 어쩔 수 없는 숙명이기도 했는데 무스탕이라고 예외일 수는 없었습니다. 때문에 비행 중이나 이착륙할 때조차 기체는 끊임없이 왼쪽으로 기울어지려 했고, 이 힘을 감안하지 않고 조종을 하게 되면 뜻하지 않은 사고가 발생하곤 했습니다.

두 번째로, 무스탕만의 특징으로, 동체 후방에 위치한 연료탱크는 비행거리를 늘려주었지만 비행기의 균형을 무너뜨리는 결점이 있었습니다. 이 때문에 동체 연료탱크가 가득 차 있을 경우 비행 중 기수가 들어올려져 갑자기 비행불능이 되거나 이륙 직후 기체 균형이 흐트러지게 되면서 급작스레 추락하는 경우도 있었습니다. 이러한 몇몇 특성 때문에 일본에서 무스탕에 대한 교육이 있었을 당시 미군 교관은 한국 조종사들에게 동체 연료탱크가 꽉 찬 상태에서는 비행 중 급기동은 하지 말라는 직접적인 주의를 전하기도 했습니다.

전 제트기를 포함해서 여러 비행기를 타 봤지만 무스탕으로 전환할 때가 가장 힘들었습니다. 무스탕은 마력이 센 데다가 프로펠러가 오른쪽으로 돕니다. 그래서 이륙할 때 비행기가 왼쪽으로 기울어지려는 힘이 생기는데 이것을 막으려면 발로 러더를 조정하고 그것을 도와주는 트림 탭이란 장치를 반드시 조정해 주어야 했어요.

<제6대 공군참모총장 김신 중장>

일본 이다즈케의 교관도 "무스탕은 AT-6와는 너무 다르다. 이 비행기의 이름이 무스탕, 즉 야생마인데, 이 야생마는 길만 잘 들이면 성능도, 기능도 좋은 말이 된다. 하지만 길들이기 전까지는 사람이 비행기를 타는 게 아니라 비행기가 사람을 태우는 것이다."라고 말하기도 했죠.

출력장치(스로틀/throttle)
엔진으로 들어가는 공기의 양을 조절해서 기체의 속력을 조종합니다.

러더(Rudder)
다리로 조종하는 패달 형태로 기체의 좌우 진행 방향을 조종합니다.

조종간(컨트롤 스틱/Control Stick)
좌우로 기울이면 주날개의 양력차를 이용해서 기체의 회전(롤/Role)을 조종하고, 앞뒤로 기울이면 수평 꼬리 날개의 방향타를 조절해서 기수의 상하(피치/Pitch)를 조종합니다.

트림 탭(Trim tab) 조종간
주날개의 조종면이나 수직, 수평꼬리 날개의 큰 조종면에 설치된 작은 날개로 이착륙이나 비행 시 기체의 안정성을 향상시킵니다.

4

기종 변화에 따른 고도 적응의 어려움
표적고착(Target Fixed)

프로펠러기를 비롯해서 모든 항공기가 지상의 목표물을 공격할 때는 회복할 수 있을 만큼의 고도를 확보한 후에 돌입하게 됩니다. 그러지 못하고 기체의 스피드가 너무 빠르다거나 너무 가파른 각도로 급강하하게 되면 그 가속도를 이기지 못한 채 목표물이나 지면에 충돌하게 되는데 이러한 상황을 표적고착이라고 합니다. 무게가 가벼운 편이었던 당시의 일본 기체가 보통 1400피트(420m)에서 대지공격을 하고도 상승할 수 있었던 반면에 미국의 무스탕은 일본 기체보다 무거워 최소 2000피트(600m)의 고도를 확보해야만 공격 후 상승이 가능했습니다.

일반적인 공격 패턴일 경우,

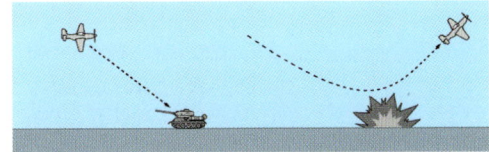

1. 목표를 포착한 후 급강하   2. 공격 후 급상승

표적고착이 될 경우는,

1. 목표를 포착한 후 급강하   2. 하강할 때의 가속력으로 고도를 회복하지 못하고 그대로 목표물이나 지면에 충돌하게 됩니다.

실제 1950년 7월 4일 한국 공군의 작전 당시 이근석 대령이 지면에 충돌해서 전사하는 사건이 발생합니다. 이 사건을 두고 바우트-원의 부대장 헤스 소령은 '일본기나 AT-6처럼 가벼운 기체를 몰았던 경험이 채 가시지 않은 상태에서 목표를 향해 급강하하던 중 발생한 사건'으로 이야기하고 있고, '일제시대 일본군으로 미군기를 18기 격추시켰던 에이스'로 그를 기억하고 있는 당시 김정렬 공군참모총장은 적탄에 맞아 자폭한 것이라고 이야기 하고 있습니다. 하지만 함께 출격했던 대원들도 치열한 전투 중이었기 때문에 그 과정을 본 사람은 한 명도 없었습니다. 때문에 이 건을 정리하자면 **'원인에 대해 언급된 모든 의견은 각자의 추정일 뿐, 그 당시 상황이 어떠했는지 아무도 모른다.'가 정확한 사실입니다.** 전투 중 전사한 한 군인을 두고 사실이 아닌 정보가 한쪽으로 기울어져 과장, 매도되지 않길 바라며 아래에는 당시 함께 출격했던 세 명의 파일럿 중 두 명의 이야기를 옮겨보았습니다(나머지 1명인 김영환 소령은 1954년 비행 중 추락 사망함).

강호륜 예비역 준장
"작전 중 뒤따르던 2대 중 1대가 보이지 않아 밑을 보니 불이 올라오는 것이 보여 '아! 누가 죽었구나!'라고 생각했습니다."

박희동 예비역 준장
"이때 기상이 좋지 않아 우리는 2,000피트 정도로 고도를 낮게 하여 비행했기 때문에 곧장 진입하기가 어렵다고 판단하여 그냥 상공을 선회하며 나오는데 순간 밑에서 불이 번쩍하였습니다."

바우트원 참고문헌 목록

『6.25전쟁 증언록』, 공군본부.
『6.25 참전 수기집』, 공군본부.
『격동의 구한말 역사의 현장』, 조선일보사, 1986.
『공군사』, 공군본부, 2010.
『내가 겪은 한국전쟁과 박정희정부』, 도서출판선인, 2004.
『미공군 제6146부대 부대사 1,2』, 공군본부, 2010.
『사진으로 보는 한국백년 1876-』, 동아일보사, 1979.
『한국전쟁전후 민간인학살 실태보고서』, 한울아카데미, 2005.
『한국현대사 119대사건』, 조선일보사, 1993.

강준만, 『한국 현대사 산책』, 인물과사상사, 2004.
구와바라 시세이, 『촬영금지』, 눈빛, 1990.
권혁희, 『조선에서 온 사진엽서』, 민음사, 2005.
길광준, 『한국전쟁: 사진으로 읽는』, 예영커뮤니케이션, 2005.
김기진, 『한국전쟁과 집단학살』, 푸른역사, 2006.
김덕수, 『항공징비록』, 21세기북스, 2017.
김영호, 『한국전쟁의 기원과 전개과정』, 성신여자대학교출판부, 2006.
러셀 블레이즈델, 『전란과 아이들』, 세종출판사, 2008.
미해외참전용사협회, 『그들이 본 한국전쟁 2,3』, 눈빛, 2005.
박도, 『지울 수 없는 이미지』, 눈빛, 2004.
박도, 『지울 수 없는 이미지 2』, 눈빛, 2006.
박세길, 『다시 쓰는 한국현대사』, 돌베개, 1992.
브루스 커밍스, 『브루스 커밍스의 한국현대사』, 창비, 2001.
브루스 커밍스, 『한국전쟁의 기원』, 일월서각, 1986.
육군사관학교, 『한국전쟁사 부도』, 황금알, 2005.
이규헌, 『사진으로 보는 독립운동-하』, 서문당, 2000.
이윤식, 『신화의 시간』, 비씨스쿨, 2012.
전상국 외, 『나를 울린 한국전쟁 100장면』, 눈빛, 2006.
조풍연, 『사진으로 보는 조선시대: 생활과 풍속』, 서문당, 1999.
존 톨렌드, 『존 톨렌드의 6.25전쟁 1,2』, 바움, 2010.
주지안롱, 『모택동은 왜 한국전쟁에 개입했을까』, 역사넷, 2005.
중국 해방군화보사, 『그들이 본 한국전쟁 1』, 눈빛, 2005.
최인훈, 『광장/구운몽』, 문학과지성사, 2001.
하리마오, 『38선도 6.25 한국전쟁도 미국의 작품이었다』, 새로운사람들, 1998.
Dean E. Hess, 『戰頌歌』, 공군본부, 1998.
Time-Life Books, 『Life at war』, 한국일보, 1988.

『Wings of Fame』vol.1, Aerospace Publishing, 1995.
『Wings of Fame』vol.4, Aerospace Publishing, 1996.
Bert Kinzey, 『P-51 Mustang Part 1』, Squadron/Signal Publications, 1996.
Bert Kinzey, 『P-51 Mustang Part 2』, Squadron/Signal Publications, 1997.
Harold Rabinowitz, 『Conquer the Sky』, Metro Books, 1899.
Jerry Scutts, 『Mustang Aces of the Eighth Air Force』, Osprey Publishing, 2012.
John Taylor, 『The Lore of Flight』, Crescent Books, 1976.
Larry Davis, 『F-86 Sabre: Walk Around No.21』, Squadron/Signal Publications, 1999.
Larry Davis, 『P-51D Mustang: Walk Around No.7』, Squadron/Signal Publications, 1996.
Nigel Thomas, 『The Korean War 1950-53』, Osprey Publishing, 1986.
R. G. Grant, 『Flight: 100 Years of Aviation』, DK ADULT, 2002.
Robert F. Dorr, 『B-29 Superfortress Units of the Korean War』, Osprey Publishing, 2012.
Robert F. Dorr, 『Korean War Aces』, Osprey Publishing, 2013.
Robert F. Dorr, 『The Korean Air War』, Motorbooks International, 1994.
Warren Thompson, 『F-51 Mustang Units over Korea』, Osprey Publishing, 1999.
Warren Thompson, 『F-86 Sabres of the 4th Fighter Interceptor Wing』, Osprey Publishing, 2002.

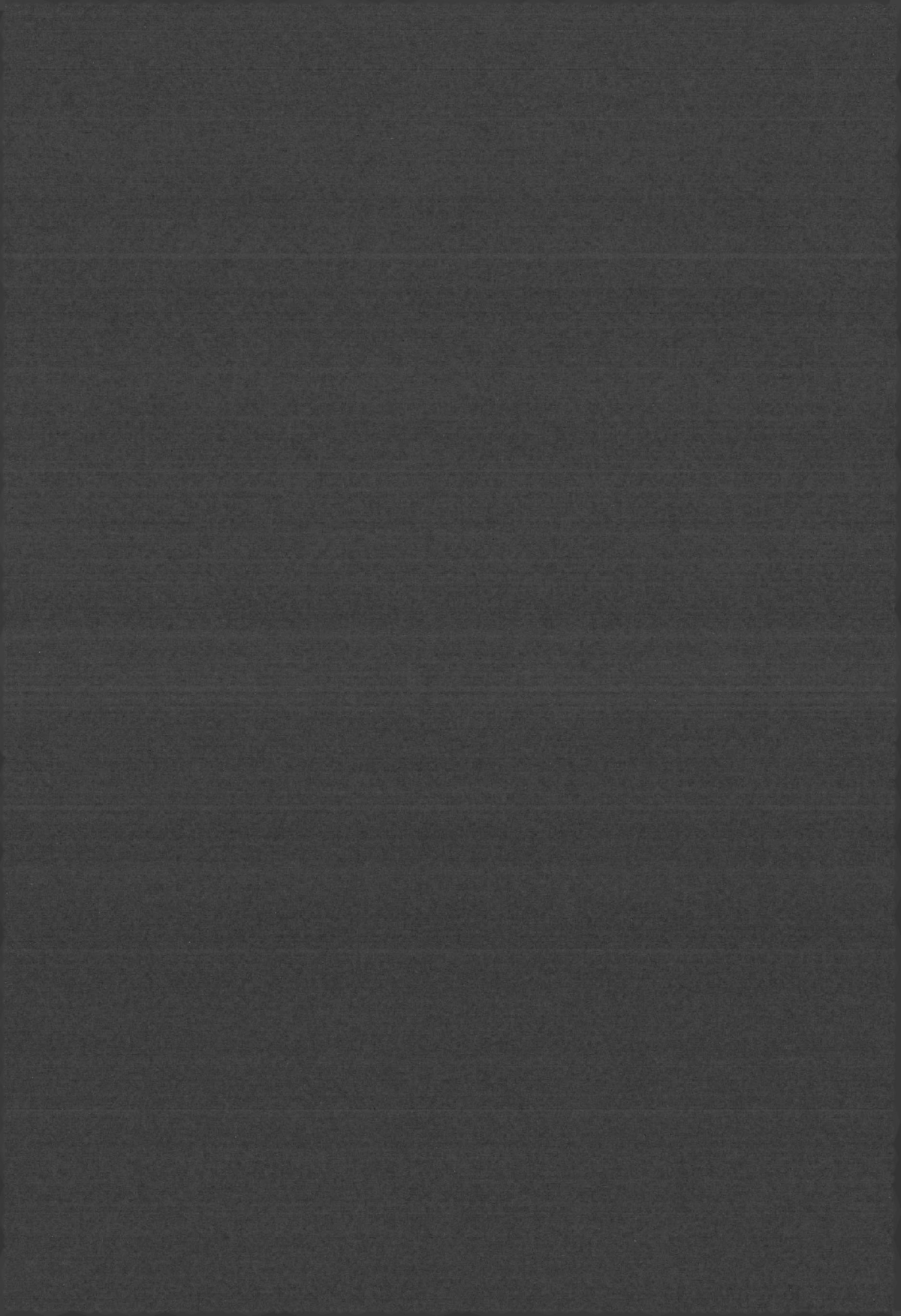